BEI GRIN MACHT SICH IHR WISSEN BEZAHLT

AF140793

- Wir veröffentlichen Ihre Hausarbeit,
  Bachelor- und Masterarbeit

- Ihr eigenes eBook und Buch -
  weltweit in allen wichtigen Shops

- Verdienen Sie an jedem Verkauf

Jetzt bei www.GRIN.com hochladen und kostenlos publizieren

Bibliografische Information der Deutschen Nationalbibliothek:

Die Deutsche Bibliothek verzeichnet diese Publikation in der Deutschen National-
bibliografie; detaillierte bibliografische Daten sind im Internet über http://dnb.d-
nb.de/ abrufbar.

Impressum:

Copyright © 2015 GRIN Verlag, Open Publishing GmbH
Druck und Bindung: Books on Demand GmbH, Norderstedt Germany
ISBN: 9783668572591

Dieses Buch bei GRIN:

http://www.grin.com/de/e-book/380541/trainingslehre-ii-leistungsdiagnostik-aus-
dauertestung-trainingsplanung

Carla Ribeiro Rekkab

Trainingslehre II. Leistungsdiagnostik, Ausdauertestung, Trainingsplanung Mesozyklus

GRIN Verlag

GRIN - Your knowledge has value

Der GRIN Verlag publiziert seit 1998 wissenschaftliche Arbeiten von Studenten, Hochschullehrern und anderen Akademikern als eBook und gedrucktes Buch. Die Verlagswebsite www.grin.com ist die ideale Plattform zur Veröffentlichung von Hausarbeiten, Abschlussarbeiten, wissenschaftlichen Aufsätzen, Dissertationen und Fachbüchern.

Besuchen Sie uns im Internet:

http://www.grin.com/

http://www.facebook.com/grincom

http://www.twitter.com/grin_com

Deutsche Hochschule für

Prävention und Gesundheitsmanagement

Saarbrücken

Einsendeaufgabe

Fachmodul: Trainingslehre II

Studiengang: Bachelor in Ernährungsberatung

Datum
Präsenzphase: 17 – 19. August 2015

Name, Vorname: Ribeiro, Carla

Studienort: **Saarbrücken**

Semester: **SS 13**

Inhaltsverzeichnis

1 Diagnose

1.1 Allgemeine und biometrische Daten

Die Nachfolgenden Daten beziehen sich auf eine reellen Person dessen Namen aus Datenschutzgründe hier nicht genannt wird.

1.1.1 Allgemeine Daten

Tab. 1: Allgemeine Daten

Persönliche Daten	
Datum:	29.08.15
Name, Vorname	███████████████
Geschlecht	weiblich
Geburtstagsdatum	10.05.1986 (29 Jahre)
Straße, Nr.	██████████████
PLZ, Wohnort	██████████████
Telefon	████████████
Handy	██████████████
Email	██████████████
Familienstand / Kinder	Ledig / keine Kinder
Daten zur beruflichen Situation	
Beruf (seit wann)	Ärztin (seit 4 Jahren)
Beweglichkeit	Überwiegend sitzend
	Überwiegend stehend ☐
	Überwiegend in Bewegung ☒
Arbeitszeit	__5__ Tag(e) / Woche
	__9__ Stunde(n) / Tag
Arbeitsbelastung	niedrig ☐ mittel ☒ hoch ☐

Gesundheit

Rauchen Sie?	ja ☐	nein ☒	selten/wenig ☐
Blutdruck	niedrig ☐ normal ☒	hoch ☐	unbek. ☐
Momentane körperliche Beschwerden	ja ☐ nein ☒		

Orthopädische Erkrankungen		ja	nein	Familie
	Bandscheibenvorfall	☐	☒	☐
	Skoliose	☐	☒	☐
	Arthritis	☐	☒	☐
	Osteoporose	☐	☒	☐
	Morbus Scheuermann	☐	☒	☐
	Fehlstellungen	☐	☒	☐
	Sonstiges: _____			

Zurzeit in ärztlicher Behandlung	ja ☐ nein ☒
	Wenn ja, wo und seit wann? _____

Zurzeit in physiotherapeutischer Behandlung	ja ☐ nein ☒
	Wenn ja, wo und seit wann? _____

Internistische Erkrankungen		ja	nein	Familie
	Diabetes I oder II	☐	☒	☐
	Asthma	☐	☒	☐
	Brocnchitis	☐	☒	☐
	Schilddrüsefehlfunktion	☐	☒	☐
	Herzinfarkt	☐	☒	☐
	Schlaganfall	☐	☒	☐
	Sonstiges _____			

Gesundheit

Operationen	ja ☐ nein ☒
	Wenn ja, welche: _____

Medikamenteneinnahmen	ja ☐ nein ☒
	Wenn ja, welche: _____

Letzter Check-Up / Blutuntersuchung beim Arzt	5.__ August__ 2015 Tag Monat Jahr Auffälig ☐ Unaufällig ☒

Sportliche Betätigung

Zurzeit sportlich aktiv	ja ☒ nein ☐ selten/wenig ☐

Aktuelle sportliche Aktivitäten

Aktivitäten	Leistungs-stufe	Seit wann?	Wie oft?	Wie lange?
Fitnessstud. (Ausdauertraining am Gerät z.B. Crosstrainer, Fahrraderg., Laufband)	Fortge-schritten	2 Jahre	2-3 x / Woche	1 Std.

Frühere sportliche Aktivitäten

Aktivitäten	Leistungs-stufe	Wann?	Wie oft?	Wie lange?
Tanzen	Fortge-schritten (3 Jahre lang)	Vor ca. 15 Jahre	3 x Woche	2 Std.

Zeitbudget momentan

Traingshäufigkeit / Woche: | 3 x | Woche

Trainingsdauer / Einheit: ca. | 1-,5 | Stunde/n

Bevorzugter Tageszeit: <u>abends</u>

Sportliche Betätigung

Trainingsmotive/ Wünsche / Ziele

- ☐ Muskelaufbau
- ☐ Körperlicher Wohlbefinden
- ☒ Verbesserung der Fitness/Ausdauer
- ☒ Fettreduktion
- ☐ Mehr Beweglichkeit
- ☐ Stressabbau
- ☐ Schmerzlinderung
- ☐ Hautstraffung
- ☒ Sonstiges: <u>Ruheherzfrequenz absenken</u>

1.1.2 Biometrische Daten

Tab. 2: Biometrische Daten

Biometrische Daten		Norm	Bewertung
Geschlecht	Weiblich	/	/
Gewicht	56 Kilogramm	/	/
Körpergröße	170 cm	/	/
Body-Mass-Index	BMI = kg : m² BMI = 19,38	18,5 – 24,9 (vgl. Tab. 5)	Normal
Körperfettanteil %	BIA -Analyse = 22%	21 – 33 % (vgl. Tab. 6)	Normal
Herzfrequenz in Ruhe	74 Hf_{Ruhe}	60-80 (vgl. Tab. 4)	Normal
Blutdruck	110 / 70 mmHg	Unter 139 / 89 mmHg (vgl. Tab. 3)	Optimal

1.1.3 Klassifikationen

Tab. 3: Blutdruckklassifikation der American Heart Association (American Heart Association; zitiert nach Israel & Fikenzer, 2013, S. 173)

Wertung	Systolischer Blutdruck	Diastolischer Blutdruck
Normblutdruck (Normotonie)		
Optimal	unter 120 mmHg	unter 80 mmHg
Normal	unter 130 mmHg	unter 85 mmHg
Hochnormal	130-139 mmHg	85-89 mmHg
Bluthochdruck (arterielle Hypertonie)		
Stufe 1	140-159 mmHg	90 – 99 mmHg
Stufe 2	160-179 mmHg	100 – 109 mmHg
Stufe 3	>180mmHg	>110 mmHg

Tab. 4: Klassifikation des Ruhepulses für Erwachsene (Isarael & Fikenzer, 2013, S. 150)

Altersstufe	Herzfrequenz (Schläge/min)
Bei trainierten Personen	< 60 S/min
Durchschnittsbürger	60 – 80 S/min
Bei sehr untrainierten Personen oder Krankheiten	> 80 S/min

Tab. 5: Klassifikation BMI nach WHO (WHO, 2000; zitiert nach Luppa, 2014, S. 227)

Kategorie	BMI (kg/m^2)
Untergewicht	< 18,5
Normalgewicht	18,5 – 24,9
Übergewicht	25,0 – 29,9
Adipositas Grad I	30,0 – 34,9
Adipositas Grad II	35,0 – 39,9
Adipositas Grad III	> 40

Tab. 6: Klassifikation des Körperfettanteils nach Gallagher, D., Heymsfield, S. B., Heo, M., Jebb, S.
A., Muratroyd, P. R. & Sakamoto, Y. (Gallagher, D., Heymsfield, S. B., Heo, M., Jebb, S. A.,
Muratroyd, P. R. & Sakamoto, Y. 2000; zitiert nach Luppa, 2014, S. 224)

Alter	KFA Frauen				KFA Männer			
(Jahre)	niedrig	normal	hoch	Sehr hoch	niedrig	normal	hoch	Sehr hoch
20-39	< 21%	21 - 33%	33 - 39%	≥ 39%	< 8%	8 - 20%	20 - 25%	≥ 25%
40-59	< 23%	23 - 34%	34 - 40%	≥ 40%	< 11%	11 - 22%	22 - 28%	≥ 28%
60-79	< 24%	24 - 36%	36 - 42%	≥ 42%	< 13%	13 - 25%	25 - 30%	≥ 30%

1.2 Leistungsdiagnostik / Ausdauertestung

1.2.1 Begründung des ausgewählten Fahrradergomertertest

Laut den biometrischen Daten (vgl. Tab. 2), ist die Kundin 29 Jahre alt, wiegt 56 Kilogramm bei einer Körpergröße von 170 cm, hat demnach einen BMI und Körperfettanteil
im Normalbereich. Der Blutdruck ist mit 110/70 mmHg optimal und eine Ruheherzfrequenz (Hf$_{Ruhe}$) von 74 normal für einen Durchschnittsbürger.

Unter Berücksichtigung der Ergebnisse aus der Eingangsbefragung wird bei der Kundin
der IPN-Test® nach dem Hollmann- Venrath- Verfahren durchgeführt.

Im Vorfeld erfolgt die Voreinstufung hinsichtlich der Belastbarkeit und ausdauerrelevanter Aktivität. Die Hf$_{Ruhe}$ wird an drei aufeinander folgende Tage zuhause direkt nach
dem aufwachen gemessen. Es ergibt sich eine Zielherzfrequenz von 145 S/min in ihrer
Altersgruppe (vgl. Tab. 7). Ein Aufschlag von 5 S/min zur Zielherzfrequenz ergibt sich
dadurch das die Kundin 2-3 x in der Woche für jeweils eine Stunde Ausdauertraining
auf dem Fahrradergometer, dem Laufband (joggen) oder dem Crosstrainer macht. Ins-
gesamt ergibt sich so eine Zielherzfrequenz von 150 S/min (vgl. Tab. 8).

Für die Kundin wird entsprechend der Voreinstufung der Hollmann- Venrath- Test aus-
gewählt. Es handelt sich dabei um einen etablierten Fahrradergometer Test der vor al-

lem für jüngere und trainierte Personen geeignet ist. Er unterscheidet sich vom WHO Test hauptsächlich durch eine höhere Stufendauer und einen höheren Anstieg der Belastungssteigerung (Reiß & Eifler, 2014, S. 73). Er setzt eine Mindestzielruhefrequenz von 150 S/min voraus, die von der Kundin erreicht wird. Der WHO Test ist wurde im Gegensatz dazu zur Beurteilung der Leistungsfähigkeit von sehr leistungsschwachen Personen entwickelt (Reiß & Eifler, 2014, S. 70).

Tab. 7: Voreinstufung nach Ruheherzfrequenz und Lebensalter (Trunz, 2001; zitiert nach (Reiß & Eifler, 2014, S. 69)

Alter/ Hf_{Ruhe}	< 20	20 - 29	30 - 39	40 - 49	50 - 59	60 - 69	> 70
< 50 S/min	140 S/min	135 S/min	130 S/min	125 S/min	115 S/min	110 S/min	105 S/min
50 - 59 S/min	145 S/min	140 S/min	135 S/min	125 S/min	120 S/min	115 S/min	110 S/min
60 - 69 S/min	145 S/min	145 S/min	135 S/min	130 S/min	125 S/min	120 S/min	115 S/min
70 - 79 S/min	150 S/min	145 S/min	140 S/min	135 S/min	130 S/min	125 S/min	120 S/min
80 - 89 S/min	155 S/min	150 S/min	145 S/min	140 S/min	135 S/min	125 S/min	125 S/min
> 90 S/min	160 S/min	155 S/min	150 S/min	145 S/min	135 S/min	130 S/min	125 S/min

Tab. 8: Voreinstufung unter zusätzlicher Berücksichtigung der Trainingshäufigkeit ausdauerrelevanter Aktivitäten (Trunz, 2001; zitiert nach (Reiß & Eifler, 2014, S. 70)

Trainingszustand	Trainingshäufigkeit / Woche	Stunden /Woche	Pulsaufschlag
kein Ausdauertraining	kein einziges Mal	0 Stunden	kein Aufschlag
wenig Ausdauertraining	1-2 mal	≤ 1 Stunde	kein Aufschlag
moderates Ausdauertraining	2-3 mal	1-2 Stunden	plus 5 S/min
viel Ausdauertraining	3-4 mal	2-4 Stunden	plus 10 S/min
sehr viel Ausdauertraining	> 4 mal	> 4 Stunden	plus 15 S/min

1.2.2 Ausführung Fahrradergomertertest

Die Kundin wird über dem Testverlauf und Abbruchskriterien (z.B. Schwindel, plötzlich auftretende Schmerzen, erreichen der Zielherzfrequenz von 150 S/min, usw.) informiert. Das Fahrradergometer wird von der Trainerin demonstriert. Der Kundin wird ein Pulsgurt und eine Pulsuhr angelegt, damit die Trainerin minütlich den Puls ablesen kann. Gesundheitliche Einschränkung oder Kontraindikationen wurden bei der Eingangsbefragung ausgeschlossen. Der momentane allgemeine Zustand und Wohlbefinden sind sehr gut. Der H&V-Test beginnt mit einer Belastung von 30 Watt und wird alle

3 Minuten um 40 Watt gesteigert (Reiß & Eifler, 2014, S. 73). Das Ende des Tests ist erreicht sobald die Kundin eine Herzfrequenz von 150 S/min erreicht. In Ihrem Fall beträgt die dabei erreichte Leistung 190 Watt nach 12:12 Minuten.

Tab. 9: Fahrradergometertest

Fahrradergometertest						
Name, Vorname: XXXXXXXXX		**Eingangstest**	**Datum:** <u>29. August 2015</u>			
Testform: H&V-Test X submaximal O maximal	**Stufendauer:** 3 min	**Zeit**	**Watt**	**Hf 1**	**Hf 2**	**Hf 3**
	Belastungssteigerung: 40 Watt	0:00 - 3:00 min	30	73	83	92
Eingangsbelastung: 30 Watt	**Trittfrequenz:** 60 - 80 U/min	4:00 - 6:00 min	70	110	112	119
Geschlecht: O männl. X weibl. Alter: <u>29</u>		7:00 - 9:00 min	110	125	128	131
Pulsobergrenze nach IPN: 150 S/min	Gewicht: <u>56</u> kg	10:00-12:00 min	150	133	141	145
Abbruchgrenze: 150 S/min	Ruhepuls: <u>74</u> S/min	12:12 min	190	150		
Anmerkungen: /	Blutdruck: <u>110/70</u> mmHG	**Watt gesamt**	163			
		Watt/Kg	2,91			
		Bewertung n.Normtabelle	0,67			

1.2.3 Bewertung der Testergebnisse

Für die Berechnung des aktuellen Leistungszustandes der Kundin werden die Ergebnisse des H&V-Test herangezogen. Die Kundin ist vier Belastungsstufen mit 150 Watt komplett durchgefahren und bei der fünfte Belastungsstufen mit 190 Watt, wurde der Test abgebrochen da sie bei 12:12 min ihre Zielherzfrequenz (= Abbruchsgrenze) von 150 S/min erreicht hat. Da die Kundin bei der ersten Minute der fünften Belastungsstufe ihre Zielherzfrequenz erreichte, wird die letzte Wattsteigerung nur mit 1/3 berechnet (Reiß & Eifler, 2014, S. 74).

Berechnung der Relative Watt-Soll-Leistung - Watt pro Kilogramm Körpergewicht (Reiß & Eifler, 2014, S. 74 - 75):

Stufe 1 - 4 Stufen   150 Watt

Stufe 5 (1/3 von 40 Watt)   13,33 Watt

Stufe 1 – 5   163,33 Watt ($\approx$ 163 Watt)

→ 163 Watt : 56 Kilogramm $\approx$ 2,91 Watt/kg Körpergewicht

Zur Bestimmung des aktuellen Leistungszustandes werden die 2,91 Watt/kg Körpergewicht mit der Normtabelle für submaximale Radergometertests (vgl. Tab. 10) verglichen. Daraus ergibt sich das die Kundin bereits in sehr guter Form ist und im interindividuellen Leistungsvergleich einen überdurchschnittlichen Ausdauertrainingszustand hat. Der Intensitätsfaktor (Belastungsfaktor) liegt zwischen 0,67 und 0,68 (vgl. Tab. 10).

Tab. 10: Normtabelle für submaximale Radergometertest – Relative Watt-Soll-Leistung (Watt pro kg) bei Frauen (modifiziert nach Institut für Prävention und Nachsorge, 2004; zitiert nach (Reiß & Eifler, 2014, S. 78)

Alter / Intensität	< 30	30-34	35-39	40-44	45-49	50-54	55-59	>60	Bewertung
0,50	1,15	1,09	1,04	0,98	0,92	0,86	0,81	0,75	- -
0,51	1,20	1,14	1,08	1,02	0,96	0,90	0,84	0,78	- -
0,52	1,25	1,19	1,13	1,06	1,00	0,94	0,88	0,81	- -
0,53	1,30	1,24	1,17	1,11	1,04	0,98	0,91	0,85	- -
0,54	1,35	1,38	1,22	1,15	1,08	1,01	0,95	0,88	- -
0,55	1,40	1,33	1,26	1,19	1,12	1,05	0,98	0,91	-
0,56	1,45	1,38	1,31	1,23	1,16	1,09	1,02	0,94	-
0,57	1,50	1,43	1,35	1,28	1,20	1,13	1,05	0,98	-
0,58	1,55	1,47	1,40	1,32	1,24	1,16	1,09	1,01	-
0,59	1,60	1,52	1,44	1,36	1,28	1,20	1,12	1,04	-
0,60	1,70	1,62	1,53	1,45	1,36	1,28	1,19	1,11	∅
0,61	1,80	1,71	1,62	1,53	1,44	1,35	1,26	1,17	∅
0,62	2,00	1,90	1,80	1,70	1,60	1,50	1,40	1,30	∅
0,63	2,10	2,00	1,89	1,79	1,68	1,58	1,47	1,37	+
0,64	2,30	2,19	2,07	1,96	1,84	1,73	1,61	1,50	+
0,65	2,40	2,28	2,16	2,04	1,92	1,80	1,68	1,56	+
0,66	2,60	2,47	2,34	2,21	2,08	1,95	1,82	1,69	+ +
0,67	2,80	2,66	2,52	2,38	2,24	2,10	1,96	1,82	+ +
0,68	3,00	2,85	2,70	2,55	2,40	2,25	2,10	1,95	+ +
0,69	3,20	3,04	2,88	2,72	2,56	2,40	2,24	2,08	+ +
0,70	3,40	3,23	3,06	2,89	2,72	2,55	2,38	2,21	+ +
∅	= Normwerte für eine untrainierte Person nach Zweidrittel-Leistung (Zweidrittel der zu erbringenden relative Watt-Soll-Leistung des Vita-Maxima-Tests)								
Intensität	= Intensitätsfaktor zur Berechnung der empfohlenen Trainingsherzfrequenz								

1.3 Gesundheits- und Leistungsstatus der Klientin

Die Kundin ist allgemein gesund, hat keine gesundheitlichen Einschränkungen, die biometrischen Daten sind unauffällig, ist bereits sportlich aktiv (Fortgeschritten) und hat im interindividuellen Leistungsvergleich einen überdurchschnittlichen Ausdauertrainingszustand (vgl. Tab 10). Sie hat während des Fahrradergometertests keinen sprunghaften Pulsanstieg gehabt, sowie keine körperlichen Beschwerden bezüglich Kreislauf oder schmerzenden Beinen gehabt. Dieses weist darauf hin, dass sie dieser Belastung auf dem Fahrradrergometer gewöhnt ist.

Aufgrund der körperlichen Leistungsfähigkeit, Belastbarkeit und die Bereitschaft für eine regelmäßige sportliche Betätigung, werden für das Ausdauertraining alle Varianten der Dauermethode sowie der extensiven Intervallmethode in Betracht gezogen (Reiß & Eifler, 2014, S. 179). Es sind somit keine Risiken zu erwarten bezüglich des Ausdauertrainings. Da die Kundin bisher keinen richtigen Trainingsplan hatte und nach Lust und Laune trainiert hat, konnte eine Leistungssteigerung nicht durchgeführt werden. Die Kundin befindet sich jedoch in bester Form für neue Trainingsreize.

2 Zielsetzung / Prognose

Tab. 11: Zielsetzung

Ziel / Inhalt	Ausmaß	Zeit
Verbesserung der Ausdauer - Erhöhung der Laufgeschwindigkeit	10 Km in 60 Minuten	6 Monate
Absenkung der Ruheherzfrequenz	Aktuell: 74 S/min Ziel: Unter 70 S/min	6 Monate
Fettreduktion	Reduktion von Körperfettmasse um 1-2 % (ca. 0,5-1 kg KG)	6 Monate

Verbesserung der Ausdauer:

Das erste Ziel der Kundin ist die Erhöhung der Laufgeschwindigkeit. Dabei möchte sie in maximal 6 Monaten 10 km innerhalb von 60 min joggen können. Die Kundin ist zwar in der Lage 1 Stunde lang zu joggen jedoch befindet sie sich momentan bei 8-9 km/Stunde. Eine Erhöhung der Geschwindigkeit, führte bisher zum vorzeitigen Abbruch und zur totalen Erschöpfung. Sie möchte ihre Joggingstrecke morgens im Wald von 10 km vor der Arbeit innerhalb von einer Stunde laufen können.

Absenkung der Ruheherzfrequenz:

Das zweite Ziel der Kundin ist die Senkung der Ruheherzfrequenz von 74 S/min auf unter 70 S/min. Laut der Klassifikation des Ruhepulses für Erwachsene (vgl. Tab. 4), zählt sie zu den „Durchschnittsbürgern". Jedoch ist ihr als Ärztin ist bewusst, dass die Senkung des Ruhepulses auch eine allgemeine Verbesserung/Optimierung des Gesundheitszustandes mit sich bringt. Ein regelmäßiges Ausdauertraining im Gesundheitssport führt zur Verringerung der Ruheherzfrequenz (Reiß & Eifler, 2014, S. 168). Zusätzlich unterstützt die Absenkung der Ruhefrequenz die Entwicklung der Ausdauer- Leistungsfähigkeit, in dem das Herzzeitvolumen und die dadurch transportierte Menge an Sauerstoff gesteigert werden. (Klinke & Silbernagel, 2003, S. 124)

Fettreduktion:

Ihr drittes und letztes Ziel ist die Körperfettreduktion um 1-2% (0,5-1 kg KG) innerhalb von 6 Monaten. Die Kundin befindet sich laut Klassifikation des Körperfettanteils (vgl. Tab. 6) im Normalbereich. Jedoch hat sie mit ihren „Problemzonen" zu kämpfen und fühlt sich dadurch nicht gut. Ihr Wohlbefinden wird durch eine Körperfettreduktion somit gesteigert. Ein Ernährungsplan wird zeitgleich zum Ausdauertrainingsplan ausgehändigt.

3 Trainingsplanung Mesozyklus

3.1 Grobplanung Mesozyklus

Nachfolgend die Grobplanung eines 6-wöchigen Mesozyklus für die Kundin. Trainingsziele sind im Allgemeinen die Stabilisierung Grundlagenausdauer 1 und Aufbau der Grundlagenausdauer 2. Dabei sollen ihre zuvor genannten Ziele berücksichtig werden.

Tab. 12: Grobplanung Mesozyklus

Mesozyklus	
Dauer	6 Wochen
Trainingsziel/e	Stabilisierung GA1 und Aufbau GA2 → Erhöhung der Laufgeschwindigkeit → Absenkung der Ruheherzfrequenz → Fettreduktion
Gesamttrainingsumfang/ Woche	Ca 2,5 – 3,5 Stunden
Trainingsmethoden	extensive Dauermethode intensive Dauermethode variable Dauermethode
Trainingsintensitäten	55 – 60 % $Hf_{Reserve}$ (extensiv) 75 – 80 % $Hf_{Reserve}$ (intensiv) 70 – 75 % $Hf_{Reserve}$ (variable)
Trainingshäufigkeit/ Woche	3 mal
Trainingsdauer/Einheit	50 - 90 min (extensiv) 55 - 60 min (intensiv) 40 - 50 min (variable)
Ausdauertrainingsgeräte	Joggen auf dem Laufband; Fahrrad (+Pulsgurt)

Für die Berechnung der Trainingsherzfrequenz wird die Karvonen-Formel angewendet (ACSM, 2006a; zitiert nach Reiß & Eifler, 2014, S. 136):

Trainingsherzfrequenz (Thf) = $(Hf_{max} - Hf_{Ruhe})$ x Intensitätsfaktor + Hf_{Ruhe}

Hf_{Ruhe} = 74 S/min

Hf_{max} (Laufen) = 220 – 29 = 191 S/min → $Hf_{Reserve}$ = 191 – 74 = 117 S/min

Hf_{max} (Fahrrad) = 200 – 29 = 171 S/min → $Hf_{Reserve}$ = 171 – 74 = 97 S/min

3.2 Detailplanung Mesozyklus

Tab. 13: Detailplanung Mesozyklus

Mesozyklus						
	Woche 1			Woche 2		
	Di	Do	So	Di	Do	So
Trainingsziel	GA1	GA2	GA1	GA1	GA2	GA1
Tr.-Methode	ext. DM	var. DM	ext DM	ext DM	var. DM	ext. DM
Tr.-Intensität (%$Hf_{Reserve}$)	55 - 60%	70 - 75%	50 - 55%	55 - 60%	70 - 75%	50 - 55%
Tr.-Hf (S/min)	127 – 132	156 – 162	133 - 138	127 - 132	156 - 162	133 - 138
Tr.-Dauer	65 min	45 min 5:5	50 min	75 min	50 min 5:5	60 min
Tr.-Gerät	Fahrraderg. Pulsgurt	Laufband Pulsgurt	Laufband Pulsgurt	Fahrrader. Pulsgurt	Laufband Pulsgurt	Laufband Pulsgurt
	Woche 3			Woche 4		
	Di	Do	So	Di	Do	So
Trainingsziel	GA1	GA2	GA1	GA1	GA1	GA1
Tr.-Methode	ext. DM	int. DM	ext. DM	ext. DM	var. DM	ext. DM
Tr.-Intensität (% $Hf_{Reserve}$)	55 - 60%	75 - 80%	50 - 55%	55 - 60%	70 - 75%	50 - 55%
Tr.-Hf (S/min)	127 – 132	162 – 168	133 - 138	127 - 132	156 - 162	133 - 138
Tr.-Dauer	90 min	50 min	70 min	65 min	40 min 10:10	50 min
Tr.-Gerät	Fahrraderg. Pulsgurt	Laufband Pulsgurt	Laufband Pulsgurt	Fahrrader. Pulsgurt	Laufband. Pulsgurt	Laufband Pulsgurt
	Woche 5			Woche 6		
	Di	Do	So	Di	Do	So
Trainingsziel	GA1	GA2	GA1	GA1	GA2	GA1
Tr.-Methode	ext. DM	var. DM	ext. DM	ext. DM	Int. DM	ext. DM
Tr.-Intensität (%$Hf_{Reserve}$)	55 - 60%	70 - 75%	50 - 55%	55 - 60%	75 - 80%	50 - 55%
Tr.-Hf (S/min)	127 – 132	156 – 162	133 - 138	127 - 132	162 - 168	133 - 138
Tr.-Dauer	70 min	50 min 10:10	55 min	75 min	55 min	60 min
Tr.-Gerät	Fahrraderg. Pulsgurt	Laufband Pulsgurt	Laufband Pulsgurt	Fahrrader. Pulsgurt	Laufband Pulsgurt	Laufband Pulsgurt

3.3 Begründung Mesozyklus

3.3.1 Wöchentlicher Belastungsumfang

Die Klientin ist in der Lage 3 – 4 Stunden in der Woche für Ausdauersport aufzuwenden. Da der Beruf als Ärztin sehr anstrengend und fordernd ist, wird ein zeitlicher Rahmen von etwa 2,5 – 3,5 Stunden festgelegt. Da die Kundin als weiteres Ziel Stressabbau definiert hat, ist zu bedenken, dass intensive Ausdauereinheiten auch zu unerwünschten physiologischen Reaktionen führen können wie zum Beispiel der Anstieg von Stresshormonen wie Adrenalin und Cortisol (Strobel, 2002, S. 104). Aus diesem Grund wird nicht der volle zeitliche Rahmen den die Kundin für Sport zur Verfügung hat für ein Training genutzt. Es sollte vermieden werden, dass die Kundin das Training als „stressig" empfindet. Eine Trainingshäufigkeit von 3 Mal pro Woche ist wünschenswert um die entsprechenden Anpassungseffekte die sich die Kundin als Ziel gesetzt hat zu erreichen (Eisenhut & Zintl, 2014, S. 126).

3.3.2 Ausgewählte Trainingsmethoden und angesteuerte Trainingsbereiche

Die Kundin hat bereits eine gute Grundkondition, so dass von Anfang an 3 Mal pro Woche trainiert werden kann. So nimmt der Trainingsbereich GA-1 (Aufbau und Stabilisierung der Grundausdauer) etwa 2/3 der Gesamttrainingszeit und der Grundlagenausdauerbereich GA-2 (Entwicklung der Grundausdauer) etwa 1/3 des Gesamtwochenpensums der Kundin ein. Entsprechend wird so im Rahmen der extensiven Dauermethode dem Wunsch der Kundin entsprechend eine Verbesserung des Fettstoffwechsels angeregt und eine Stabilisierung und Ökonomisierung des Grundstoffwechsels sowie der Funktion des Herz- Kreislauf-Systems erreicht (Eisenhut & Zintl, 2014, S. 105). Somit kommt es mit verbesserter Ausdauerleistung auch zu einer Reduktion der Ruheherzfrequenz. (Klinke & Silbernagel, 2003, S 124). Dies wird ebenfalls durch die Entwicklung der Grundausdauer (GA-2) unterstützt. Die Zielsetzungen eines Ausdauertrainings können nur unter Einsatz verschiedener Trainingsmethoden erreicht werden (Eisenhut & Zintl, 2014, S. 105). Das Ziel 10 km in einer Stunde zu joggen erreicht die Kundin durch die intensive und die variable Dauermethode. Dadurch wird eine bessere Durchblutung der Skelettmuskulatur erreicht und zusätzlich die Erweiterung der aeroben Kapazität die höhere Intensitäten ermöglichen (Eisenhut & Zintl, 2014, S. 106). Zusätzlich ermöglicht die variable Dauermethode eine verbesserte Umstellung zwischen rein aerober und gemischt aerob-anaerober Energiebereitstellung (Eisenhut & Zintl, 2014, S. 109).

3.3.3 Belastungsprogression

Für die Kundin wurde ein Belastungs-Entlastungs-Rhythmus von 3:1 festgelegt. Entsprechend Eisenhut und Zintl (2014, S. 169) ist eine reduzierte Belastung nach 3 wöchiger Belastung erforderlich um das Anpassungsgeschehen nicht zu stören. Sonst kann zu einem Übertraining kommen mit ungünstigen physiologischen Reaktionen.

Die Belastungssteigerung erfolgt im ersten Mesozyklus in den ersten 2 Wochen durch Steigerung der Belastungszeit. Durch die variable Dauermethode wird die Kundin sukzessive auf die intensive Dauermethode in der 3. Woche vorbereitet. Einer psychischen Ermüdung durch Trainingsmonotonie wird dabei als Nebeneffekt entgegengewirkt (Eisenhut & Zintl, 2014, S. 169).

3.3.4 Ausgewählte Ausdauertrainingsgeräte

Da es der vorrangige Wunsch der Kundin ist morgens vor der Arbeit zu Joggen wird als vorrangige Bewegungsform das Laufen gewählt. Nach Eisenhut und Zintl (2014, S. 165) besteht im Ausdauersport ein enger Zusammenhang zwischen den Wochentrainingsumfang (km/Woche) und den erreichten Marathonzeiten. Somit lässt sich für den Freizeitsport ableiten, dass es mit dieser Methode für die Kundin auch möglich ist, ihr Ziel (10 km in einer Stunde zu laufen) zu erreichen. Um eine Belastungsmonotonie entgegen zu wirken und zur Trainingsvielfalt, werden die Tage im Trainingsbereich GA-1 (am Anfang der Woche) mit dem Fahrradergometer absolviert (Eisenhut & Zintl, 2014, S. 155). Es wird zu allen Zeiten zur Eigenkontrolle ein Pulsgurt getragen. Dieser gibt ein direktes Trainingsfeedback und wirkt dadurch psychologisch unterstützend (Eisenhut & Zintl, 2014, S. 155).

4 Literaturrecherche

Für die Literaturrecherche wurden zwei wissenschaftliche Studien zum Thema „Effekte des Ausdauertrainings bei arterieller Hypertonie" untersucht.

4.1 Wissenschaftliche Studie I

Tab. 14: Wissenschaftliche Studie I

Studie	Efficacy and position of endurance training as a non-drug therapy in the treatment of arterial hypertension
Autoren	Ketelhut, R. G., Franz, I. W. & Scholze, J.
Jahr der Publizierung	1997
Versuchs-personen	10 Männer mit Hypertonie Stufe 1 (laut WHO) im Alter von 43,3 (+/- 1 Jahre). Koronare Herzkrankheiten oder Herzfehler wurden ausgeschlossen. Serum-Kreatinin-Konzentration überschritt nicht 1,1 mg / dl. Es wurde eine umfangreiche Laboruntersuchung gemacht um andere Herz-Kreislauferkrankungen auszuschließen. Alle Versuchspersonen haben eine sitzende Tätigkeit und betätigen sich sportlich seit mindestens 10 Jahre nicht (Ketelhut, Franz & Scholze, 1997, S. 652).
Versuchs-aufbau	An diesen 10 Männern wurde der Langzeiteffekt auf den Blutdruck durch Ausdauertraining untersucht. Sie unterzogen sich einem 18 monatigem Ausdauertraining jeweils zweimal 60 min pro Woche. Der Blutdruck wurde vor Beginn der 18 monatigen Periode und danach untersucht. Der Blutdruck wurde dabei in Ruhe, während der sportlichen Betätigung auf einem Fahrradergometer, während isometrischen Trainingsübungen und nach Eintauchen des zu messenden Arms in kaltes Wasser (4 Grad) Wasser bestimmt. Die Bestimmung erfolgte nach Riva-Rocci-Korotkov. Zusätzlich wurde der 24 Stunden Blutdruck mit Hilfe eines Langzeitblutdruckmessgerätes gemessen (Ketelhut, Franz & Scholze, 1997, S. 652).
Ergebnisse / Schlussfolgerungen	Die Studie ergab, dass der Blutdruck durch das Ausdauertraining signifikant gesenkt werden konnte. Alle Tests konnten dies bestätigen. Zusätzlich konnte mittels des Fahrradergometers eine deutliche Reduktion des Herzfrequenzanstiegs unter Belastung nachgewiesen werden. Somit zeigt sich, dass Ausdauersport über einen längeren Zeitraum den systolischen als auch den diastolischen Blutdruck senkt und der Effekt fast vergleichbar ist mit einer medikamentösen Therapie bei Hypertonikern in der Stufe 1 (Ketelhut, Franz & Scholze, 1997, S. 652-653).

4.2 Wissenschaftliche Studie II

Tab. 15: Wissenschaftliche Studie II

Studie	Blood Pressure and Hormonal Responses to Aerobic Exercise
Autoren	Kiyonaga, A., Arakawa, K., Tanaka, H. & Shindo, M.
Jahr der Publizierung	1985
Versuchspersonen	12 Personen (5 Männer und 7 Frauen) mit essentieller arterieller Hypertonie WH Grad I-II mit einem RR 16/90 oder höher und ohne kardiovaskuläre Vorerkrankungen (Kiyonaga, Arakawa, Tanaka & Shindo, 1985, S. 126).
Versuchsaufbau	Antihypertensiva wurden 6 Wochen vor der Studie pausiert. Mit Hilfe eines Fahrradergometers unter dessen Belastung eine Laktatbestimmung erfolgte, wurde der Trainingswiederstand für ein leichtes sowie für die zweiten 10 Wochen für ein submaximales Ausdauertraining festgelegt. Alle Probanden absolvierten 10 Wochen lang 3 Mal pro Woche für 60 Minuten ein leichtes Ausdauertraining. Anschließend wurden weitere 10 Wochen unter submaximaler Belastung wiederum 3 Mal pro Woche für 60 Minuten trainiert. Vor jeder Trainingseinheit wurde der Blutdruck gemessen. Verwendet wurde die Methode nach Riva Rocci. Während eines stationären Aufenthaltes wurde vor Beginn, nach den ersten 10 Wochen und nach den zweiten 10 Wochen, die Natriumausscheidung im Urin und bestimmte Blutsubstanzen wie z.B. Plasmakatecholamine, Renin, Angiotensin II und ACE sowie Bradykinin bestimmt (Kiyonaga, Arakawa, Tanaka & Shindo, 1985, S. 126-127).
Ergebnisse / Schlussfolgerungen	Es kam bei allen 12 Probanden zu einer signifikanten Reduktion des systolischen als auch des diastolischen Blutdrucks nach 10 Wochen. Nach weiteren 10 Wochen konnte bei den übrig gebliebenen 9 Probanden eine weitere Abnahme des diastolischen Blutdrucks verzeichnet werden. Zusätzlich konnte nach der Testphase ein signifikanter Abfall der Plasmakatecholaminkonzentration sowie eine vermehrte Ausscheidung von Natrium und ein Anstieg von Prostaglandin E verzeichnet werden (Kiyonaga, Arakawa, Tanaka & Shindo, 1985, S. 127). Es konnte gezeigt werden, dass Ausdauertraining eine gute alternative zu einer medikamentösen Therapie darstellt, insbesondere bei anfänglich niedrigem Renin Level. Der Blutdruckabfall korreliert hierbei mit der Reduktion der Plasmakatecholaminlevel und dem Anstieg von Prostaglandin E (Kiyonaga, Arakawa, Tanaka & Shindo, 1985, S. 127-128).

5 Literaturverzeichnis

Eisenhut, A. & Zintl, F. (2014). *Ausdauertraining: Grundlagen Methoden Training-steuerung.* München: BLV.

Israel, S. & Fikenzer, S. (2013). *Studienbrief Medizinische Grundlagen.* Saarbrücken: Deutsche Hochschule für Prävention und Gesundheitsmanagement.

Ketelhut, R. G., Franz, I. W., & Scholze, J. (1997). Efficacy and position of endurance training as a non-drug therapy in the treatment of arterial hypertension. *Journal of human hypertension, 11*(10), 651-655. Zugriff am 07.10.2015 unter http://www.researchgate.net/profile/Juergen_Scholze/publication/13829089_Efficacy _and_position_of_endurance_training_as_a_non-drug_therapy_in_the_treatment_of_arterial_hypertension/links/0deec5322b6abcef68 000000.pdf

Kiyonaga, A., Arakawa, K., Tanaka, H., & Shindo, M. (1985). Blood pressure and hormonal responses to aerobic exercise. *Hypertension, 7* (1), 125-131. Zugriff am 07.10.2015 unter http://hyper.ahajournals.org/content/7/1/125.full.pdf

Klinke, R. & Silbernagel, S. (2003). *Lehrbuch der Physiologie* (4., korrigierte Aufl.). Stuttgart: Georg Thieme

Luppa, D. (2014). *Studienbrief Ernährung I.* Saarbrücken: Deutsche Hochschule für Prävention und Gesundheitsmanagement.

Strobel, G. (2002). Wechselwirkungen zwischen Katecholaminen, ß-Adrenorezeptoren, akuter körperlicher Belastung und Training. *Deutsche Zeitschrift für Sportmedizin, 53* (4), 102-105.

Weineck, J. (2010). *Optimales Training; Leistungsphysiologische Trainingslehre unter besonderer Berücksichtigung des Kinder- und Jugendtrainings.* (16 Aufl.). Bailingen: Spita.

6 Tabellenverzeichnis